PUBLICATIONS DE LA RÉUNION DES OFFICIERS

MÉLANGES MILITAIRES
(2ᵉ SÉRIE)
XI. XII

LA FORTIFICATION

PERMANENTE

DU CAPITAINE VON PISTOR

Traduction et analyse

PAR

GRILLON

CAPITAINE DU GÉNIE

PARIS
CH. TANERA, ÉDITEUR
LIBRAIRIE POUR L'ART MILITAIRE ET LES SCIENCES
Rue de Savoie, 6

1873

LA FORTIFICATION PERMANENTE

DU CAPITAINE VON PISTOR

EN VENTE A LA MÊME LIBRAIRIE

MÉLANGES MILITAIRES

PREMIÈRE SÉRIE

CONTENANT

LES PRINCIPAUX ARTICLES PUBLIÉS

DANS LE

BULLETIN DE LA RÉUNION DES OFFICIERS

EN 1871 ET 1872

5 VOLUMES PETIT IN-8° CARTONNÉS

Prix : 25 fr.

Il ne reste qu'un très-petit nombre de collections complètes.

---

94 — Paris, imp. A. Dutemple, 64, rue Bonaparte.

PUBLICATION DE LA RÉUNION DES OFFICIERS

LA FORTIFICATION

PERMANENTE

DU CAPITAINE VON PISTOR

Traduction et analyse

PAR

GRILLON

CAPITAINE DU GÉNIE

PARIS
CH. TANERA, ÉDITEUR
LIBRAIRIE POUR L'ART MILITAIRE ET LES SCIENCES
Rue de Savoie, 6

1873

LA FORTIFICATION PERMANENTE

DU CAPITAINE VON PISTOR

La littérature militaire autrichienne s'est enrichie, dans ces dernières années, d'un grand nombre de traités élémentaires sur la fortification et les différentes branches du service du génie. Ces ouvrages, qui s'adressent principalement aux officiers d'infanterie, aux élèves des écoles militaires, aux volontaires d'un an, aux officiers de réserve et de landwehr, ont pour but et pour résultat de vulgariser des connaissances aujourd'hui indispensables à tous les militaires, et qui malheureusement sont restées, en France, le domaine presque exclusif des armes spéciales. L'indifférence de nos officiers d'infanterie et de cavalerie, pour tout ce qui se rapporte aux travaux de l'armée en marche, à la fortification de campagne, à l'attaque et à la défense des camps retranchés, n'explique que trop bien l'éloignement des troupes pour l'outil du pionnier, les préjugés répandus sur le rôle et l'utilité des places fortes, et le peu de services que ces places ont rendus dans la dernière guerre. Il est donc à désirer qu'à l'imitation des Autrichiens, l'on publie en France des traités de fortification débarrassés de ces détails didactiques au moyen desquels on s'est évertué à rende aride une science des plus intéressantes, et nous signalerons comme un premier pas dans cette voie les fragments d'une traduction du traité de fortification permanente du capitaine autrichien *von Pistor*, fragments que M. *** a adressés, il y a plusieurs mois déjà, à la Réunion des officiers (1).

L'ouvrage du capitaine von Pistor, publié en 1871, à Vienne, se compose de deux parties : fortification de campagne et fortification permanente. La deuxième partie, que concernent les fragments dont nous venons de parler, comprend trois chapitres, précédés d'une introduction dans laquelle sont exposés les principes de la fortification permanente, la classification des places d'après leur étendue et leur importance, leur rôle dans la guerre défensive, enfin les conditions tactiques à remplir lors de la création ou de la transformation d'une place.

Le premier chapitre est consacré à l'exposé des différents systèmes ou tracés des enceintes existantes : tracé circulaire, tracé circulaire moderne (escarpe circulaire et contre-escarpe tenaillée et casematée pour le flanquement du fossé); front polygonal d'Albert Durer, front polygonal moderne; tracé tenaillé à angles droits, tracé tenaillé à angles rentrants obtus (combinaison des systèmes tenaillés et polygonaux), tracé tenaillé moderne et enfin tracé bastionné. Comme on le voit, le système bastionné, que l'enseignement officiel français s'obstine à regarder comme l'expression la plus parfaite de l'art, n'occupe que le dernier rang dans cette longue énumération. Du reste, l'auteur ne préconise exclusivement aucune de ces formes; chacune d'elles a ses avantages et ses défauts, et peut être employée, pourvu qu'elle satisfasse aux conditions essentielles de toute bonne fortification : lignes de défense calculées sur la portée des armes; flanquements

---

(1) Signalons aussi une des dernières publications de la Réunion, le *Manuel du sapeur d'infanterie*. Paris, Tanera. — 4 fr.

(*N. de la R.*)

à angle droit, saillants plus ouverts que 60°; feux croisés sur tous les points du terrain des approches,

Après avoir discuté la forme du profil et les divers types d'escarpe employés jusqu'à ce jour, l'auteur établit qu'en présence du tir plongeant, qui oblige à abaisser l'escarpe pour la couvrir, c'est la contre-escarpe qui doit constituer le véritable obstacle à l'escalade et recevoir la hauteur traditionnelle de 30 pieds, précédemment assignée à l'escarpe. Puis il s'occupe des communications, qu'il divise en communications intérieures (rues, places, rue du rempart, etc.); communications non militaires (portes de ville, routes, ponts); communications militaires (poternes, places d'armes, caponnières simples ou doubles, etc., et enfin communications *intellectuelles*, dénomination singulière sous laquelle il comprend les systèmes de signaux, la télégraphie, les observatoires, le service d'informations et de messagers, et l'organisation des patrouilles et grand'gardes pour la surveillance de la place et des dehors.

Passant ensuite aux ouvrages complémentaires (*Nebenwerke*) destinés à renforcer l'enceinte proprement dite, le capitaine von Pistor traite successivement des dehors, des ouvrages avancés, des ouvrages détachés ou forts et des défenses intérieures. Il divise les dehors propres à chaque système en dehors ordinaires et dehors accidentels. Ainsi, dans le tracé polygonal et ses dérivés, les dehors habituels sont le chemin couvert avec ses réduits, le ravelin ou enveloppe et la caponnière flanquante; les dehors accidentels sont des contre-gardes ou couvre-faces et des caponnières plus développées, qui jouent en même temps le rôle de ravelin. Dans les tracés polygonaux les plus récents, tels que le projet du capitaine autrichien Brünner, la caponnière centrale est remplacée par des petits crans ou flancs casematés ménagés dans les escarpes et par un coffre en bois et fer mobile sur rails, et remisé à couvert sous une poterne jusqu'au moment de l'attaque du fossé. Les dehors se réduisent, dans ce cas, à de grandes places d'armes pour le rassemblement des sorties et à des blockhaus terrassés couverts, du côté de l'extérieur, par un bourrelet contre-miné, et dont les flancs sont armés de mitrailleuses ou de pièces de petit calibre casematées qui tirent en arrière d'une sorte d'entonnoir voûté (*Vorscharte*).

Sous le nom d'ouvrages avancés, l'auteur désigne les avant-chemins couverts, les ouvrages à cornes, les lunettes de Cormontaigne et de l'école de Mézières, les demi-lunes détachées à la Chasseloup, en un mot les ouvrages que l'on peut avoir à construire à une faible distance du corps de place pour couronner une hauteur, protéger une inondation, battre le pied d'un escarpement ou occuper le prolongement d'un front enfilé.

La construction d'une ceinture de forts détachés transforme une place ordinaire en camp retranché. Les places centrales, les places-manœuvres et les places de dépôt doivent en être indispensablement pourvues. Quelques pages relatives aux forts détachés ont été reproduites par M. ***; on y décrit successivement un fort à six pans, avec trois caponnières flanquantes et réduit circulaire ; un fort en forme de lunette aplatie dont l'escarpe présente sur chaque face deux crans, correspondant à deux embrasures de flanquement; enfin une batterie intermédiaire entre deux forts pour le combat d'artillerie aux grandes distances.

Pour ce qui est relatif aux défenses intérieures (coupures et retranchements, deuxième enceinte dans le genre du troisième système de Vauban, citadelles, cavaliers, coupoles), nous nous bornerons à citer la coupole cuirassée du modèle Wurmb, dont la description est comprise dans les fragments traduits. Cette partie de l'ouvrage est d'ailleurs incomplète, et la question de l'emploi du fer dans la fortification est à peine abordée.

La fin du premier chapitre est consacrée aux casemates et abris à l'épreuve, aux inondations et manœuvres d'eau, aux mines et aux démolitions diverses au moyen de la poudre et de la dynamite.

Le second chapitre est divisé en six parties : les deux premières s'occupent de la défense maritime et de la défense des montagnes ; les deux suivantes, traduites par M. ***, traitent des chemins de fer, de leurs relations avec les places fortes, et des ouvrages nécessaires pour la défense des voies ferrées ; la cinquième partie, empruntée à l'ouvrage du colonel Tunckler, contient des considérations générales sur la défense des États ; et la sixième, pose des règles sur le mode d'organisation des fortifications provisoires ou demi-permanentes.

Après avoir établi la nécessité de placer les gares des places de guerre à l'intérieur des enceintes, ou tout au moins sous la protection immédiate de leurs feux en faisant de ces gares de véritables dehors appropriés tout à la fois aux exigences de l'exploitation et à celles de la fortification, l'auteur formule, au point de vue de la situation réciproque des places et des voies ferrées, les principes suivants : 1° les chemins de fer étant les véritables lignes d'opération des armées, toute voie ferrée qui traverse une frontière doit être commandée par une ou plusieurs places ; 2° les voies parallèles à la frontière doivent être tracées en deçà de la ligne d'eau ou de montagnes qui forme la véritable frontière stratégique ; 3° une double voie est de rigueur pour toutes les lignes d'un grand intérêt militaire ; 4° c'est dans les places fortes et camps retranchés qu'il faut établir les grandes gares qui renferment les ateliers de construction et de réparation et les réserves de matériel ; 5° lorsqu'un réseau ne remplit pas ces conditions, il ne faut pas hésiter, même au prix des plus grandes dépenses, à construire des places nouvelles aux points de croisement principaux.

Viennent ensuite des considérations intéressantes, empruntées pour la plupart à l'*Osterreichische Militär-Zeitschrift* de 1868, sur le rôle combiné des places fortes et des voies ferrées dans la guerre défensive, et sur les moyens d'assurer la protection d'un territoire et des lignes qui le traversent, par des installations peu coûteuses qui dispensent de multiplier les places et par suite d'affaiblir les forces actives. Si les forteresses forment l'élément stable de la défense d'un pays en arrêtant ou en attirant sur des points déterminés le courant d'une invasion, et en donnant à la défense la faculté de dégarnir momentanément de troupes une région pour jeter la masse des forces actives sur le point décisif, les chemins de fer, communications perfectionnées, sont indispensables pour faciliter ces concentrations et ces mouvements rapides des armées défensives. Mais, à raison même de ce rôle, les voies ferrées sont des lignes d'opérations, leurs points de croisement, leurs grands dépôts, leurs stations principales deviennent autant de nouveaux points stratégiques. On ne saurait ni lutter contre la multiplication des chemins de fer, si essentielle à la prospérité d'un pays, ni immobiliser des capitaux en créant des forteresses sur tous les points importants d'un réseau. D'un autre côté, les voies ferrées ne peuvent être utilisées pour les opérations de la défense qu'à la condition d'être protégées contre les entreprises des partisans et de la cavalerie, et leur mise hors de service, quand elle est devenue nécessaire, doit pouvoir s'opérer à coup sûr, et seulement au dernier moment, si l'on ne veut pas s'exposer aux destructions inutiles et ruineuses dont nous avons vu des exemples dans la dernière guerre. Pour satisfaire à ces conditions, l'auteur propose de compléter le système des places fortes par tout un réseau d'ouvrages permanents ou passagers susceptibles d'arrêter les partisans, de résister à un coup de main, et exigeant pour être réduits l'emploi des calibres supérieurs de l'artillerie de campagne. Ces ouvrages-barrières (*Strassen Sperre*) seraient placés sur les cols, au passage des vallées, sur les points qui forment des centres secondaires de la défense des montagnes, aux extrémités des grands ouvrages d'art. Dans la plupart des cas ils peuvent être constitués par les gares elles-mêmes, à la condition qu'on adopte dans leur construction certaines dispositions militaires peu dispendieuses, telles que flanquement réciproque des divers bâtiments; constructions voûtées et crénelées, susceptibles d'être couvertes de terre et blindées avec des rails, et d'être reliées les unes aux autres par des retranchements faciles à improviser. L'auteur donne des types de gares ainsi organisées, et il cite comme application de ce système les corps de garde défensifs que les Prussiens ont établis aux deux extrémités du pont de Cottbus, sur la Sprée.

Nous doutons toutefois qu'en face de l'artillerie de campagne actuelle, de pareils ouvrages puissent fournir une longue résistance, si ce n'est contre de faibles détachements, et nous préférons, au moins pour les lignes de grande importance, le type de fort-barrière avec coupoles, également d'origine prussienne, que le colonel Brialmont a décrit dans son récent ouvrage. Le capitaine von Pistor semble, du reste, n'avoir qu'une médiocre confiance dans le degré de résistance des gares fortifiées, car il suppose que les gares-barrières des cols et des vallées devront être complétées, au moment de la guerre, par des redoutes ou fortins armés d'artillerie pour empêcher l'ennemi de construire des batteries contre les bâtiments, et de plus il ajoute qu'au passage des cours d'eau importants, les corps de garde défensifs des ouvrages d'art ne doivent être considérés que comme de simples ouvrages de sûreté contre les partisans, et que, dans la prévision d'une attaque par des forces importantes, il faudrait organiser, en avant de l'obstacle, une tête de pont ou ligne de retranchements flanquée par des batteries sur la rive intérieure, auquel cas le bâtiment défensif ne serait plus qu'un simple réduit permettant d'opérer sûrement la destruction du pont quand la défense serait arrivée à son terme. Ramené à ces proportions plus modestes, le rôle des stations fortifiées est très-admissible, et nous croyons que de pareils ouvrages rendraient des services sur les lignes secondaires et sur les points intermédiaires des grandes lignes, à la condition, bien entendu, que l'armée territoriale qui fournira les postes chargés de les défendre sera bien organisée et exercée d'avance à son rôle.

Le dernier chapitre du traité du capitaine von Pistor traite de l'attaque et de la défense des places. Les opérations dirigées contre une place forte ont pour objet soit de neutraliser l'action de la garnison : démonstrations faites par un corps d'observation (*Beobachtung*) ou par des troupes légères (*Berennung*), blocus ou investissement; soit d'arriver à la possession de la place elle-même : bombardement, surprise, attaque de vive force, attaque en règle. Les mesures à prendre par l'attaque et par la défense, dans chacune de ces éventualités, sont exposées avec des détails intéressants dont nous recommandons l'étude aux officiers d'infanterie et de cavalerie. Les méthodes d'attaque enseignées en Allemagne n'ont malheureusement rien de nouveau pour nous, depuis l'expérience que nous avons faite de leur efficacité contre nos places de l'ancien système, mal armées et mal pourvues d'abris pour l'artillerie et la garnison. Mais tout autres auraient été les conditions si nos remparts avaient été garnis d'une puissante artillerie à longue portée, garantie contre les coups de l'ennemi par les puissants moyens que fournit l'industrie métallurgique, et si de nombreux logements à l'épreuve des projectiles avaient offert un abri sûr aux troupes et aux munitions de guerre et de bouche. Le bombardement eût été alors impuissant, et l'ennemi aurait été obligé de passer par les lenteurs et les dangers d'un siège régulier.

Contre l'attaque en règle l'assiégé peut lutter sans désavantage, pourvu que ses remparts soient bien disposés pour l'emploi de l'artillerie et que les ouvrages ne présentent pas ces défectuosités de tracé qu'on a si justement reprochées aux forts de Paris, et qui sont inhérentes à la forme bastionnée appliquée aux petits fronts. Nos places sont malheureusement toutes conçues dans ce système, et l'état des finances retardera pour longtemps encore une transformation radicale du plus grand nombre d'entre elles (1). Ce n'est que par une excellente organisation de détail des remparts qu'il est possible d'atténuer cette cause d'infériorité, et pour ce motif on ne saurait trop recommander l'étude des traverses, des galeries en charpente, des blindages, des batteries casematées en bois et fer, en un mot des innombrables constructions qu'on est obligé d'improviser au moment d'une guerre pour rendre tenables des remparts nus et des cours de forts labourées par les obus.

La partie la plus saillante du troisième chapitre est intitulée : *Modifications à apporter au système classique des atta-*

---

(1) Sans doute cette transformation pourra commencer le jour où l'on aura arrêté un projet d'ensemble pour la défense de nos frontières, analogue à celui que le *Bulletin* a publié pour l'Italie. Il est à notre connaissance que les états-majors de deux ou trois divisions territoriales ont pris, en ce qui les concerne, l'initiative de ces études, fondées sur des considérations stratégiques. (*N. de la R.*)

ques, d'après les projets du corps du génie autrichien, par suite de l'augmentation de portée et de puissance des armes rayées. Voici, résumées en peu de mots, les idées officielles qui règnent à Vienne sur la conduite des siéges réguliers :

Quand l'investissement est terminé et l'armée de siége solidement retranchée dans ses positions, on détermine le point d'attaque et l'on choisit les emplacements des grands parcs d'artillerie, du génie et des dépôts de tranchée. Les grands parcs sont établis à 4,500 mètres au moins des saillants les plus avancés des ouvrages à attaquer, et les dépôts de tranchée de 1,800 à 2,000 mètres. Autrefois l'ouverture de la tranchée à 600 mètres constituait le début du siége proprement dit. Cette opération n'est plus possible aujourd'hui. Il faut que l'assaillant prépare à une distance beaucoup plus grande une base d'attaque, sur laquelle il déploiera le plus tôt possible une artillerie nombreuse et puissante, pour troubler les derniers travaux de mise en état de défense, obliger la place à démasquer de bonne heure ses pièces, et chercher à les accabler sous un feu concentrique. Cette base sera donc constituée par des groupes de batteries répartis à 1,200 ou 1,500 mètres des saillants, sur le périmètre compris entre les prolongements des faces d'ouvrages qui voient le terrain des attaques (entre les prolongements des faces intérieures des demi-lunes collatérales, s'il s'agit, par exemple, d'un hexagone bastionné à la Vauban). Les batteries seront armées de canons du plus fort calibre pour combattre, enfiler et prendre à revers l'artillerie de la défense, et de mortiers à longue portée pour détruire ses abris. Chaque groupe de batteries, défendu par des tranchées, des abatis, des obstacles naturels ou artificiels, constituera un retranchement distinct, relié au dépôt de tranchée le plus voisin par des communications couvertes.

Pendant l'exécution de ces premiers travaux et pendant la

lutte d'artillerie qui suivra l'ouverture du feu, les troupes de garde seront distribuées comme il suit : à 800 mètres des saillants du chemin couvert un cordon de grand'gardes (*Feldwachen*) ; à 1,000 mètres une ligne de postes d'infanterie (*Haupt-Posten*) ; sur la ligne des batteries, un peu en arrière, soit à 1,200 ou 1,300 mètres, des réserves d'avant-postes (*Vorposten-Reserven*) ; enfin, aux extrémités de la ligne des soutiens, de la ligne des batteries, et en arrière de cette dernière ligne, à hauteur des dépôts de tranchée, de fortes réserves d'infanterie avec des batteries de campagne (*Haupt-Reserven*). Quant à la cavalerie, elle fournira des détachements aux extrémités de la ligne des soutiens, sur les flancs des groupes de batteries et auprès des réserves principales. Toutes ces troupes profiteront naturellement des couverts naturels ou se créeront des couverts artificiels contre le tir des ouvrages.

Quand l'action des premières batteries aura suffisamment affaibli les feux de la place pour qu'il soit possible de la resserrer davantage, on passera à l'ouverture de la première parallèle, à 800 mètres des saillants du chemin couvert, sur la ligne même des grand'gardes dont on vient de parler, et en profitant des couverts que celles-ci auront déjà créés. Cette première parallèle peut n'être pas continue, et chacun de ses tronçons sera relié au groupe de retranchements en arrière par des zigzags défilés ; elle doit toutefois présenter un développement suffisant pour recevoir une garde de tranchée proportionnée à la force de la garnison. Cette parallèle, terminée sur ses flancs par des redoutes armées de canons de campagne, est destinée à l'établissement d'une deuxième ligne de batteries de canons de siége, qui chercheront à battre en brèche par le tir plongeant, et qui doubleront les batteries de première période pour démonter l'artillerie de la défense. Toutes ces batteries continueront leur tir pendant les travaux ultérieurs, et comme à une distance plus rapprochée de la place l'action des canons ne gagnerait pas sensiblement en efficacité, et qu'en revanche la mousqueterie de la défense deviendrait fort dangereuse pour les servants, on n'installera dans les parallèles suivantes que des batteries de mortiers, dont les parapets ne sont pas découpés par des embrasures.

La parallèle à 800 mètres se trouvant déjà dans la sphère efficace de la mousqueterie ennemie, on pourra rarement l'ouvrir en tranchée simple, et il faudra recourir à la sape volante, sauf à retirer ensuite les gabions. Quant aux travaux suivants, pour peu que les tireurs de l'assiégé n'aient pas été débusqués du rempart, ils ne s'effectueront guère qu'à la sape pleine ou à la sape forée, tout au plus à la sape dérobée. Ces travaux, qui constituent, à proprement parler, l'attaque rapprochée, et pour lesquels il n'y a pas lieu de s'écarter sensiblement des anciennes méthodes, comprennent les zigzags en capitale, la deuxième parallèle à 400 mètres, les demi-places d'armes à 200 mètres, la troisième parallèle au pied du glacis, les cheminements en sape debout, les cavaliers de tranchée et le couronnement du chemin couvert. Toutes ces parallèles doivent être armées d'un très-grand nombre de mortiers de petit calibre, et plus on se rapproche de la place, plus il faut augmenter la profondeur des tranchées et l'épaisseur des parapets pour obtenir un solide couvert.

En définitive, la méthode qu'on vient de décrire est exactement (sauf toutefois un éloignement plus grand de la première parallèle, dû sans doute à la grande portée du Chassepot) celle que les Allemands ont appliquée à Strasbourg et qu'ils auraient employée devant Saint-Denis et devant les forts du sud de Paris si la lutte s'était prolongée. Comme on le voit, l'action réellement décisive du siége, c'est le combat d'artillerie à distance. Tant que le défenseur reste en état de le soutenir, l'assiégeant reste parqué dans ses premières positions et ne peut faire un pas en avant. Par conséquent, lorsqu'une place sera largement munie de vivres, de munitions et de matériel, elle sera susceptible d'une résistance à peu près indéfinie si son artillerie est puissante et si l'organisation de ses remparts favorise le bon emploi et la conservation de cette artillerie. Au prix de cette condition capitale, tout ce qui se rapporte à la défense rapprochée : flanquements, emploi de la mousqueterie, contre-mines, manœuvres d'eau, etc., n'est qu'accessoire. Les guerres modernes sont courtes et décisives; la formation et la mise en mouvement d'un parc de siége entraînent de longs délais. Donc on est conduit à conclure que tous les préparatifs de la défense doivent être combinés uniquement en vue de prolonger le combat d'artillerie à distance, et à faire durer cette phase du siége jusqu'à l'arrivée d'une armée de secours ou jusqu'à la conclusion de la paix. Les forts d'Issy et de Vanves, malgré les défectuosités de leur site et de leur tracé, ont résisté à une canonnade de près d'un mois, grâce, il est vrai, à la puissante diversion des batteries de l'enceinte en arrière. Si des ouvrages aussi imparfaits ont interdit pendant une si longue période aux Prussiens toute opération d'attaque rapprochée, que ne doit-on pas attendre d'ouvrages construits d'après les exigences de la tactique moderne et armés d'une puissante artillerie cuirassée?

En présentant aux lecteurs du *Bulletin de la Réunion* une aussi longue analyse d'un simple traité élémentaire de fortification permanente, notre but a été de montrer que cette science forme une branche fort intéressante et fort étendue de l'art de la guerre, et qu'elle est en contact intime avec la stratégie et la tactique depuis leurs plus hautes conceptions jusqu'à leurs détails les plus secondaires. A notre époque plus que jamais, c'est une science qui doit être familière à tous les militaires. Que les officiers du génie en fassent une étude plus approfondie, qu'ils restent spécialement chargés des détails d'application techniques qui exigent une préparation et une expérience, longue à acquérir, de l'art des constructions, c'est ce que personne ne leur contestera. Mais les leçons d'un passé douloureux montrent quel inconvénient il y a pour une armée à se désintéresser des questions générales de défense du territoire pour en laisser la solution à un corps fermé, qui, en raison de sa constitution même, de ses fonctions habituelles, de l'uniformité de son recrutement et de son enseignement, est fatalement voué à un esprit de tradition et de système trop souvent en opposition avec le progrès. N'oublions pas qu'à l'étranger la fortification, l'artillerie, la stratégie et la tactique forment des branches inséparables de l'instruction des officiers, et particulièrement des états-majors, et que chaque découverte nouvelle de la science ou de l'industrie y est immédiatement étudiée au point de vue de ses applications militaires. En France, au contraire, depuis que les grandes commissions de défense de 1818 et de 1826 ont été dissoutes, le corps du génie s'est pendant trop longtemps cantonné dans sa sphère étroite; étranger en quelque sorte au reste de l'armée, peu d'accord avec l'artillerie, indifférent aux révolutions qui s'opéraient dans l'art et l'outillage de la guerre, sourd aux avertissements d'un éminent ingénieur belge, il s'est efforcé de persister dans son ancienne voie et de pétrifier l'enseignement de la fortification dans une sorte de formulaire hiératique, que l'école de Mézières avait transmis à l'école de Metz, et qui heureusement n'a pas pénétré l'école de Fontainebleau.

Nous n'entendons nullement accuser les officiers du génie de cette stagnation de l'art de la fortification en France;

c'est un résultat qui s'impose fatalement pour toute science qui devient le domaine exclusif d'une corporation. Heureusement la création récente d'une commission de défense composée d'hommes éminents, appartenant à tous les corps de l'armée, nous rassure pour l'avenir. Un grave et difficile problème s'impose à ses méditations, problème dont la solution intéresse la puissance, les finances, et jusqu'à l'existence même de la patrie; nous voulons parler de la reconstitution du système de défense permanent du territoire. C'est donc un devoir pour tout officier, pour tout homme qui s'occupe de science ou d'industrie, nous dirons même pour tout bon citoyen, d'apporter, dans la mesure de ses forces, le concours de son intelligence et de ses connaissances à la commission chargée de trancher cette grande question. La discussion publique, le mouvement de l'opinion peuvent seuls fournir à cette commission les éléments nécessaires pour pousser en avant les timides, décourager les résistances routinières et conduire à une solution en rapport avec les exigences de la science moderne et avec les sacrifices financiers que le pays aura à s'imposer. Si l'Angleterre a réussi à créer en peu d'années, sur ses côtes, un système formidable de fortifications nouvelles, elle doit ce résultat moins encore à sa richesse et à la puissance de son industrie, qu'au grand courant d'opinion qui a lancé son gouvernement dans la voie de la science et du progrès.

PUBLICATIONS

DE

LA RÉUNION DES OFFICIERS

EN VENTE

A LA LIBRAIRIE MILITAIRE DE CH. TANERA

Rue de Savoie, 6, à Paris

MÉLANGES MILITAIRES
Première Série

N°s 1. L'Armée anglaise en 1871, au point de vue de l'offensive et de la défensive. Paris, Tanera. . . . . . Prix : 25 c.

2. Organisation de l'armée suédoise. Projet de réforme. Paris, Tanera. . . . . 25 c.

3 et 4. Mode d'attaque de l'infanterie prussienne dans la campagne 1870-71, par le duc Guillaume de Wurtemberg. Traduit de l'allemand par M. Conchard-Vermeil. Paris, Tanera. . . . . 50 c.

5. De la dynamite et de ses applications pendant le siége de Paris. Paris, Tanera. . . . . 25 c.

6. Quelques idées sur le recrutement, par G. B. Paris, Tanera. . . . . 25 c.

7. Etude sur les reconnaissances, par le commandant Pierron. Paris, Tanera. . . . . 25 c.

8, 9 et 10. Etude théorique sur l'organisation d'un corps d'éclaireurs à cheval, par H. de La F. Paris, Tanera. 75 c.

11, 12, 13. Etude sur la défense de l'Allemagne occidentale, et en particulier de l'Alsace-Lorraine. Traduit de l'allemand. Paris, Tanera. . . . . 75 c.

14. L'Armée danoise. Organisation. Recrutement. Instruction. Effectif. Paris, Tanera. . . . . 25 c.

15, 16, 17. Les Places fortes du N. E. de la France, et Essai de défense de la nouvelle frontière. Paris, Tanera . . 75 c.

18, 19. De la détermination du calibre dans les armes portatives, par J. L., cap. d'artillerie. Paris, Tanera. 50 c.

20. Des bibliothèques militaires, de l'établissement d'un catalogue et de la tenue des principaux registres. Paris, Tanera. . . . . 25 c.

21, 22, 23, 24. L'Artillerie au siége de Strasbourg en 1870. Notes recueillies par un officier de l'artillerie suisse. Traduit de l'allemand par P. Larzillière. Paris, Tanera. . 1 fr.

25, 26. L'Artillerie de campagne des grandes puissances européennes et les Canons rayés. Traduit de l'allemand par M. Meert, capitaine d'artillerie. Paris, Tanera. . 50 c.

27. Des canons et fusils a vapeur, par J. L., capitaine d'artillerie. Paris, Tanera. . . . . 25 c.

28, 29. La Cavalerie de réserve sur le champ de bataille, d'après l'italien, par Foucrière, sous-lieut. au 81e rég. de ligne. Paris, Tanera. . . . . 50 c.

30. De la répartition de l'armée sur le territoire. Paris, Tanera. . . . . 25 c.

31, 32. Le Télémètre Nolan, appareil destiné à mesurer les distances, avec planche. Paris, Tanera. . . . . 50 c.

33. La Bataille de Spicheren envisagée au point de vue stratégique. Traduit de l'allemand par Weil. Paris, Tanera. 25 c.

34. De l'équitation dans les régiments de cavalerie en Prusse, par H. de La F. Paris, Tanera. . . . . 25 c.

35. L'Armée prussienne en Alsace pendant l'hiver dernier, notes recueillies par C. Sandherr, lieutenant de chasseurs à pied. Paris, Tanera. . . . . 25 c.

36, 37. De la justesse du tir des bouches a feu et des armes portatives, par M. J. Lefèvre, capitaine d'artillerie. Paris, Tanera. . . . . 50 c.

38. Des métaux employés dans la fabrication des canons anglais, par J. L., capitaine d'artillerie. Paris, Tanera. 25 c.

39, 40. Instruction théorique et pratique de l'infanterie, par E. Uffler, cap. au 93e rég. de ligne. Paris, Tanera. 50 c.

41, 42. L'Exploitation des chemins de fer français par

LES ARMÉES ALLEMANDES, d'après les documents officiels allemands, par M. Martner, capitaine d'état-major, avec carte. Paris, Tanera. . . . . 50 c.

43, 44. IDÉES SUR L'ATTAQUE DES PLACES FORTES. Conférence faite à Berlin par le général-major prince de Hohenlohe-Ingelfingen, d'après l'allemand, par A. Klipffel, capitaine du génie. Paris, Tanera. . . . . 50 c.

45, 46. DE L'INSTRUCTION PRATIQUE DE LA COMPAGNIE D'INFANTERIE. Paris, Tanera. . . . . 50 c.

47, 48, 49, 50. CONSIDÉRATIONS SUR LA GUERRE DES PLACES FORTES, 1870-1871. Traduit de l'allemand par Couturier, lieutenant au 55e régiment. Paris, Tanera . . . . . . 1 fr.

51, 52. ÉTUDE SUR LES PEINES DISCIPLINAIRES EN CAMPAGNE, par G. D., officier d'état-major. Paris, Tanera. . . 50 c.

53, 54. HISTORIQUE DES REMONTES DEPUIS LES ROMAINS, suivi d'un projet d'organisation d'une landwehr hippique, par L. L., sous-intendant militaire. Paris, Tanera. . . . 50 c.

55. LE TÉLÉMÈTRE DE CAMPAGNE DU COLONEL RUSSE STUBENDORF, avec planche. Paris, Tanera. . . . . 25 c.

56, 57, 58. ÉTUDES SUR LE SERVICE DES ÉTAPES, d'après les renseignements personnels recueillis pendant la guerre de 1870-71 par un officier de l'inspection générale bavaroise des étapes. Traduit de l'allemand par Couturier, lieutenant au 55e régiment. Paris, Tanera. . . . . 75 c.

59, 60. APERÇU DE GÉOGRAPHIE MILITAIRE SUR LE LITTORAL DE LA CONFÉDÉRATION DE L'ALLEMAGNE DU NORD, et étude des mesures de défense prises par les Allemands pendant la guerre de 1870-71 contre un débarquement de troupes françaises, par Dubois, capit. du génie. Paris, Tanera. 50 c.

61, 62. ÉTUDE ET ENSEIGNEMENT DE LA STATISTIQUE MILITAIRE, par Chanoine, chef d'escadron d'état-major. Paris, Tanera. . . . . 50 c.

63. COMPARAISON ENTRE LE CANON DE CAMPAGNE ET LA MITRAILLEUSE, par E. Klutschack. Traduit de l'allemand par de La Roque, capitaine d'artillerie. Paris, Tanera . . 25 c.

64, 65, 66. MÉMOIRE SUR LES FUSILS SE CHARGEANT PAR LA CULASSE employés dans les armées de Prusse, de France et d'Angleterre, par le capitaine Mervin Drake, instructeur de tir. Traduit de l'anglais par M. de Pina, capitaine de frégate. Paris, Tanera. . . . . 75 c.

67, 68, 69. Mémoire sur la nécessité de créer des écoles de sous-officiers, par M. de Lalobbe, colonel d'état-major. Paris, Tanera. . . . . 75 c.

70. De l'armement de l'artillerie de campagne. Traduit de l'allemand par d'Astier de La Vigerie, capitaine d'artillerie. Paris, Tanera. 25 c.

71, 72, 73. Les Manoeuvres de la garde prussienne en 1872, par M. Weil. Paris, Tanera . . . . 75 c.

74. Simplifications et modifications au titre VI du règlement sur les manoeuvres de l'infanterie, par M. d'Ussel, capitaine au 27e bataillon de chasseurs. Paris, Tanera. 25 c.

75, 76. Notes sur l'emploi du temps des troupes prussiennes, suivi de quelques considérations générales sur l'armée française, par M. Dally, capitaine au 102e de ligne. Paris, Tanera. . . . . 50 c.

77, 78, 79. Mémoire sur l'organisation des bureaux des états-majors et des secrétaires des états-majors, par Warnet, lieut.-colonel d'état-major. Paris, Tanera. 75 c.

80. Des modifications a introduire dans le règlement sur les manoeuvres d'infanterie, par M. Herbinger, capitaine au 101e régiment. Paris, Tanera. . . . . 25 c.

81, 82. Loi du mouvement d'un projectile dans l'intérieur du canon, par J. Lefèvre, capitaine d'artillerie. Paris, Tanera. . . . . 50 c.

83. De l'organisation de l'artillerie ; séparation en artillerie de campagne et en artillerie de forteresse. Traduit de l'allemand par M. Vicel, lieutenant de vaisseau. Paris, Tanera. . . . . 25 c.

84, 85. La Vérité sur l'unification des différents services de transport, par M. Baratier, sous-intendant militaire. Paris, Tanera. . . . . 50 c.

86. Physionomie du combat d'infanterie pendant la guerre de 1870-1871, par Boguslawski. Traduit de l'allemand par Couturier, lieutenant au 55e régiment. Paris, Tanera. 25 c.

87. Causes de la décadence et de la grandeur de la Prusse. — Avantages de la décentralisation dans l'administration, par L. Lèques, sous-intendant militaire. Paris, Tanera. 25 c.

88, 89. Le Pas de l'infanterie, par M. Klipffel, capitaine du génie. Paris, Tanera. . . . . 50 c.

90, 91. DE L'IMPORTANCE DES TRANSPORTS AUX ARMÉES, par M. Parizot, major au 3e régiment du train des équipages. Paris, Tanera. 50 c.

92, 93, 94. DES CAUSES ET DU MÉCANISME DES ACCIDENTS OCCASIONNÉS PAR LE MANIEMENT DU FUSIL CHASSEPOT, par M. Treille, médecin-major au 3e spahis. Paris, Tanera. 75 c.

95. DE L'ARMÉE TERRITORIALE ET DES CORPS SPÉCIAUX DE CAVALIERS ÉCLAIREURS, par M. Weil. Paris, Tanera. . . . 25 c.

96. DE QUELQUES NOUVEAUX COMPOSÉS EXPLOSIBLES ET INCENDIAIRES. Traduit de l'italien par M. de Lort-Sérignan, lieutenant au 124e régiment. Paris, Tanera. . . . . . . 25 c.

97. DES NOUVEAUX CHEMINS DE FER DE L'ALSACE-LORRAINE, par M. Martner, capitaine d'état-major. Paris, Tanera. 25 c.

98, 99, 100. DE LA DÉFENSE GÉNÉRALE DE L'ITALIE. Extrait du rapport officiel de la commission royale italienne, par M. Meert, capitaine d'artillerie. Avec carte. Paris, Tanera. . . . . 75 c.

ENCYCLOPÉDIE MILITAIRE

1. LES CANONS GÉANTS DU MOYEN AGE ET DES TEMPS MODERNES, par R. Wille, lieutenant de l'artillerie prussienne. Traduit de l'allemand par MM. R. Colard et S. Bouché, lieutenants d'artillerie. 1 volume in-8°. Paris, Tanera. . 3 fr.

2. LES MITRAILLEUSES ET LEUR EMPLOI PENDANT LA GUERRE DE 1870-1871, par Hermann, comte Thürheim, capitaine bavarois. Traduit de l'allemand par E. J. Brochure in-8°. Paris, Tanera. . . . . 1 fr. 25

3. MÉMOIRE sur la permanence de l'armement de défense et sur l'emploi des cuirasses métalliques dans les fortifications d'Anvers, Plymouth et Portsmouth, par le baron Berge, lieutenant-colonel d'artillerie. 1 vol. in-8° avec planches. Paris, Tanera. . . . . 3 fr.

Sous presse :

ÉTUDE SUR LE RÉSEAU DE CHEMINS DE FER FRANÇAIS considéré comme moyen stratégique, par L. de Tromenec, capitaine d'artillerie. 1 vol. in-8° avec carte. Paris, Tanera.

GUIDE pour la préparation des plans de marche et des transports de troupes par les chemins de fer, par A. Le Pippre, chef d'escadron d'état-major. 1 vol. in-8° avec planches et carte. Paris, Tanera.

ENTRETIENS MILITAIRES

L'ARMÉE PRUSSIENNE, par M. Lahaussois, sous-intendant militaire. Paris, Dumaine. . . . . 60 c.

HYGIÈNE MILITAIRE, par le docteur Jules Arnould, médecin-major de 1re classe, Paris, Dumaine. . . . . 60 c.

DES TIRAILLEURS, DE LEUR INSTRUCTION, DE LEUR EMPLOI, par M. Herbinger, cap. adjudant-major au 1er prov. Paris, Dumaine . . . . 60 c.

PRINCIPES RATIONNELS DE LA MARCHE DES IMPEDIMENTA DANS LES GRANDES ARMÉES, par M. Anatole Baratier, sous-intendant militaire. Paris, Dumaine. . . . . 1 fr.

DE L'ADMINISTRATION MILITAIRE, par M. Lewal, colonel d'état-major. Paris, Dumaine. . . . . 1 fr.

DE L'ADMINISTRATION MILITAIRE ET DU FONCTIONNEMENT DES SERVICES ADMINISTRATIFS. — Réponse à M. le colonel Lewal, par M. Anatole Baratier, sous-intendant militaire. Paris, Dumaine. . . . . 1 fr.

DE L'AÉROSTATION MILITAIRE, par M. Delambre, capitaine du génie. . . . . 75 c.

DE LA PHOTOGRAPHIE et de ses applications aux besoins de l'armée, par M. Dumas, capitaine d'état-major, chef du service photographique au ministère de la guerre. . 75 c.

INSTRUCTION DE L'INFANTERIE, préparation au service de guerre, par M. Percin, capitaine du génie. . . . . . 75 c.

DE L'EMPLOI MILITAIRE DES CHEMINS DE FER, par M. Delambre, capitaine du génie . . . . 75 c.

DE L'ENSEIGNEMENT DE LA GÉOGRAPHIE, par M. Bourboulon, chef de bataillon. . . . . 75 c.

CRÉATION DE MANUTENTIONS ROULANTES pour les quartiers généraux et les divisions en campagne, par M. Baratier, sous-intendant militaire. . . . . 1 fr.

DU SERVICE DES ÉTATS-MAJORS, par M. Derrécagaix, capitaine d'état-major. . . . . 75 c.

RÈGLEMENTS ÉTRANGERS

RÈGLEMENT DU 3 AOUT 1870 SUR LES EXERCICES DE L'INFANTERIE DE L'ARMÉE ROYALE DE PRUSSE. Traduit de l'allemand par J. Monlezun, lieutenant au 120e régiment d'infanterie. 1 volume in-12 avec figures et planches de musique donnant toutes les sonneries et batteries. Paris. Tanera. 4 fr.

INSTRUCTION DU 9 JUIN 1870, CONCERNANT LE SERVICE DE GARNISON DE L'ARMÉE PRUSSIENNE. Traduit de l'allemand par MM. Samion et Laplanche. Brochure in-12. Paris, Berger-Levrault. . . . . 1 fr. 25

MANUEL DU SAPEUR D'INFANTERIE. Instruction publiée par le ministère de la guerre italien. Traduit de l'italien par MM. Percin, Grillon et de Lort Sérignan. 1 volume in-12 avec cent planches. Paris, Tanera. . . . . 4 fr.

Sous presse :

INSTRUCTION DE 1870 SUR LE SERVICE EN CAMPAGNE DE LA CAVALERIE DE L'ARMÉE SUÉDOISE. Traduit du suédois par MM. Siwers et Martin. 1 vol. in-12, avec figures dans le texte. Paris, Tanera.

RÈGLEMENT DE 1870 SUR LES EXERCICES DE LA CAVALERIE AUTRICHIENNE. Traduit de l'allemand par V. Zeude, chef d'escadron de cavalerie. 1 vol. in-12. Paris, Tanera.

OUVRAGES DIVERS

ORGANISATION DE L'ARMÉE DE L'ALLEMAGNE DU NORD. Recrutement et libération. Traduit de la 12e édition de l'ouvrage sur l'organisation de l'armée allemande, du général de Witzleben par le commandant Le Maître. Paris, Berger-Levrault. 2 fr.

COURS RÉDUIT DU TIR, par Borreil, capitaine au 124e de ligne. 2e édition. 1 volume in-12. Paris, Dumaine . . . . . 60 c.

MANUEL D'HYGIÈNE et de premiers secours. Traduit de l'allemand par le docteur Bürgkly. Br. in-12. Paris, Dumaine . . 60 c.

MANUEL DU SOLDAT. I. Service intérieur. II. Instruction sur le démontage, le remontage et l'entretien de l'arme.

III. Notions sur le tir du fusil d'infanterie. IV. Transport des troupes d'infanterie au chemin de fer. V. Notions d'hygiène. VI. Service des places. VII. Service en campagne. 1 volume in-18 cartonné. Paris, Tanera . . . 50 c.

Etudes sur l'art de conduire les troupes (2e partie), par Verdy du Vernois. Traduit de l'allemand par Masson, capitaine d'état-major. 1 vol in-12. Paris, Dumaine, et Bruxelles, Muquardt, 1872 . . . . 2 fr. 50

Les Trains sanitaires. Etude sur l'emploi des chemins de fer pour l'évacuation des blessés et malades en arrière des armées, par le Dr Morache. Brochure in-8°. Paris, Dumaine, 1872 . . . . 1 fr. 50 c.

Construction et destruction des chemins de fer en campagne, par Wibrotte. Brochure in-8° avec figures. Paris, Dumaine . . . . 1 fr.

LE BULLETIN

DE LA

RÉUNION DES OFFICIERS

Paraît tous les samedis; chaque numéro contient de 32 à 48 colonnes de texte, des figures, etc. Il est rédigé, en collaboration, par les officiers de l'armée.

La cotisation annuelle, pour être membre de la Réunion et recevoir le Bulletin, est de 15 fr. (Voir les Statuts, art. 2 et 9.)

Toute personne, en dehors des membres de la Réunion, qui voudra recevoir le Bulletin, pourra s'y abonner au prix de 4 fr. par trimestre, pour la France et l'Algérie (étranger port en plus).

Les numéros disponibles antérieurs à l'inscription, seront envoyés gratuitement.

CH. TANERA, ÉDITEUR

LIBRAIRIE POUR L'ART MILITAIRE ET LES SCIENCES

RUE DE SAVOIE, 6, A PARIS

EXTRAIT DU CATALOGUE

ARTILLERIE (L') de campagne française; étude comparative du canon rayé français et des canons étrangers. Br. in-8°. 1 fr. 50

BORMANN. — Nouvel obus pour bouches à feu rayées. Br. in-8° avec planche. . . . . 2 fr.

CHARRIN. — Le revolver, ses défauts et les améliorations qu'il devrait subir au point de vue de l'attaque et de la défense individuelles. Br. in-8°. . . . . 1 fr.

CHARRIN. — De l'emploi d'un abri improvisé, expéditif et efficace pour protéger le fantassin contre les balles de l'ennemi. Le hâvre-sac pare-balles. Br. in-8° avec figures. . . 1 fr. 25

COYNART (DE). — Précis de la guerre des États-Unis d'Amérique. 1 vol. in-8°. . . . . 5 fr.

COSTA DE SERDA. — Les chemins de fer au point de vue militaire. Extrait des instructions officielles et traduit de l'allemand. 1 vol. in-8°. . . . . 3 fr.

FIX. — La télégraphie militaire; résumé des conférences faites à l'École d'application du corps d'état-major. Br. grand in-8° avec planche. . . . . 2 fr. 50

FRITSCH-LANG. — L'artillerie rayée prussienne à l'attaque de Düppel, d'après les auteurs allemands. Br. in-8° avec carte. 2 fr. 50

GRATRY. — Essai sur les ponts mobiles militaires. 1 vol. grand in-8° avec planches. . . . . 8 fr.

GRATRY. — Description des appareils de maçonnerie les plus remarquables employés dans les constructions en briques. 1 vol. grand in-8° avec de nombreuses gravures sur bois . . 6 fr.

HENRY. — Essai sur la tactique élémentaire de l'infanterie, mise en rapport avec le perfectionnement des armes. Br. in-8° avec figures . . . . 2 fr.

LE BOULENGÉ. — Études de balistique expérimentale. Détermination au moyen de la clepsydre électrique de la durée des trajectoires; expériences exécutées avec cet instrument; lois de la résistance de l'air sur les projectiles des canons rayés déduites des résultats obtenus. Br. in-8° avec planches. . . . 4 fr.

LECOMTE. — Études d'histoire militaire, antiquité et moyen âge. 1 vol. in-8° . . . . 5 fr.

LECOMTE. — Études d'histoire militaire, temps modernes jusqu'à la fin du règne de Louis XIV. 1 vol. in-8°. . . . . . 5 fr.

LECOMTE. — Guerre de la Prusse et de l'Italie contre l'Autriche et la Confédération germanique en 1866; relation historique et critique. 2 vol. grand in-8° avec cartes et plans. . 20 fr.

LECOMTE. — Guerre de la sécession; Esquisse des événements militaires et politiques des États-Unis, de 1861 à 1865. 3 vol. grand in-8° avec cartes. . . . . 15 fr.

LECOMTE. — Le général Jomini, sa vie et ses écrits. Esquisse biographique et stratégique. 1 vol. in-8° avec carte. 7 fr. 50

LIBIOULLE. — Le revolver Galand, nouveau système à percussion centrale et extracteur automatique. Br. in-8° avec fig. 1 fr.

LULLIER. — La vérité sur la campagne de Bohême en 1866, ou les quatre grandes fautes militaires des Prussiens. Br. in-8°. 1 fr.

MANGEOT. — Traité du fusil de chasse et des armes de précision, nouvelle édition. 1 vol. in-8° avec figures dans le texte. et planches . . . . 5 fr.

MARNIER. — Souvenirs de guerre en temps de paix : 1793, 1806, 1823, 1862, récits historiques et anecdotiques extraits de ses Mémoires inédits. 1 vol. in-8° . . . . 3 fr.

MOSCHELL. — De l'effet du tir à la guerre et de ses causes perturbatrices. Br. in-8°. . . . . 1 fr.

ODIARDI. — Des nouvelles armes à feu portatives adoptées ou à l'étude dans l'armée italienne. Br. in-8° avec planche. . 2 fr.

ODIARDI. — Des balles explosibles et incendiaires. Br. in-8° avec planche. . . . . 2 fr.

PIRON. — Manuel théorique du mineur; nouvelle théorie des mines, précédée d'un exposé critique de la méthode en usage pour calculer la charge et les effets des fourneaux, et d'une étude sur la poudre de guerre. 1 vol. grand in-8° avec pl. 12 fr.

PIRON. — Essai sur la défense des eaux et sur la construction des barrages. 1 vol. grand in-8° avec planches. . . . 6 fr.

PLOENNIES (DE). — Le fusil à aiguille, notes et observations critiques sur l'arme à feu se chargeant par la culasse, traduit de l'allemand par E. Heydt. Br. in-8° avec planche. . . . 3 fr.

QUESTIONS de stratégie et d'organisation militaire relative aux événements de la guerre de Bohême, par un officier général (Jomini). Br. in-8°. . . . . 1 fr.

SCHMIDT. — Le développement des armes à feu et autres engins de guerre, depuis l'invention de la poudre à tirer jusqu'aux temps modernes. 1 vol. in-8°, avec 107 planches. . . 10 fr.

SCHOTT. — Des forts détachés, traduit de l'allemand par Bacharach. Br. in-8° avec planche . . . . 2 fr.

SCHULTZE. — La nouvelle poudre à canon, dite poudre Schultze, et ses avantages sur la poudre à canon ordinaire et autres produits analogues. Traduit de l'allemand par W. Reymond. Brochure in-8°. . . . . 2 fr.

TACKELS. — Étude sur le pistolet, au point de vue de l'armement des officiers. Br. in-8° avec figures . . . . . . 1 fr. 50

TACKELS. — Conférences sur le tir, et projets divers relatifs au nouvel armement. 1 vol. in-8° avec planches . . . 5 fr.

TACKELS. — Étude sur les armes à feu portatives, les projectiles et les armes se chargeant par la culasse. 1 vol. in-8° avec pl. 6 fr.

TACKELS. — Les fusils Chassepot et Albini, adoptés respectivement en France et en Belgique. Br. in-8° avec planches. 2 fr.

TACKELS. — Armes de guerre; Étude pratique sur les armes se chargeant par la culasse; les mitrailleuses et leurs munitions; le canon Montigny-Eberhaerd; le fusil Montigny; les fusils Charrin, Remington, Jenks, Cochran, Howard, Peabody, Dreyse, Chassepot, Snider, Terssen, Albini; les cartouches périphériques, etc., etc. 1 vol. in-8° avec planches. . . . . 8 fr.

TACKELS. — La carabine Tackels-Gerard, nouveau système de culasse mobile, dite à bloc, à percussion centrale pour armes de guerre. Br. in-8° . . . . 50 c.

TACKELS. — Le nouvel armement de la cavalerie depuis l'adoption de l'arme se chargeant par la culasse. 1 vol. in-8°, avec planches. . . . . 5 fr.

UNGER. — Histoire critique des exploits et vicissitudes de la cavalerie pendant les guerres de la Révolution et de l'Empire jusqu'à l'armistice du 4 juin 1813, d'après l'allemand. 2 volumes in-8° . . . . 12 fr.

VANDEVELDE. — La tactique appliquée au terrain. 1 vol. in-8° avec atlas . . . . 7 fr. 50

VANDEVELDE. — Manuel de reconnaissances, d'art et de sciences militaires, ou Aide-mémoire pour servir à l'officier en campagne. 1 vol. in-18 avec planches . . . . 5 fr.

VANDEVELDE. — Précis historique et critique de la campagne d'Italie en 1859. 1 vol. in-8° avec cartes et plans. . . 12 fr.

VANDEVELDE. — La guerre de 1866 en Allemagne et en Italie. 1 vol. in-8° avec cartes . . . . 6 fr.

VANDEVELDE. — Commentaire sur la tactique à propos du *Mémoire militaire* par le prince Frédéric-Charles de Prusse. Br. in-8°. . . . . 2 fr.

VARNHAGEN VON ENSE. — Vie de Seydlitz, traduite de l'allemand par Savin de Larclause. 1 vol. in-8° avec portrait et plans. 5 fr.

VERTRAY. — Album de l'expédition française en Italie en 1849, contenant 14 dessins, 4 cartes topographiques indiquant les opérations militaires, avec un texte explicatif. 1 vol. grand in-folio. . . . . 10 fr.

WAUWERMANS. — Mines militaires. Études sur la science du mineur et les effets dynamiques de la poudre (application de la thermodynamique). 1 vol. in-8° avec planches . . . 7 fr. 50

WAUWERMANS. — Applications nouvelles de la science et de l'industrie à l'art de la guerre. — Télégraphie militaire. — Aérostation. — Éclairage de guerre. — Inflammation des mines. 1 vol. in-8° avec figures. . . . . 4 fr.

NOUVELLES PUBLICATIONS

BAYLE. — L'électricité appliquée à l'art de la guerre. Br. grand in-8° avec planches. . . . . 3 fr.

BODY. — Aide-Mémoire portatif de campagne pour l'emploi des chemins de fer en temps de guerre, d'après les derniers événements et les documents les plus récents. 1 vol. in-18 avec planches . . . . 4 fr.

FIX. — Guide de l'officier et du sous-officier aux avant-postes, d'après les meilleurs auteurs. 1 vol. in-18 . . . . 2 fr 50

ODIARDI. — Les armes à feu portatives rayées de petit calibre. 1 vol. in-8° avec planches . . . . 3 fr.

PEIN. — Lettres familières sur l'Algérie; un petit royaume arabe. 1 vol. in-12. . . . . 3 fr.

POULAIN. — Lettres sur l'artillerie moderne, canon de 7 et gargousse obturatrice, le bronze et l'acier, mitrailleuse française. Br. in-8° . . . . 1 fr.

SUZANNE. — Des causes de nos désastres; la proscription des armes et le monopole de l'artillerie. Br. grand in-8. . 2 fr.

Paris, Imp. A. Dutemple, rue Bonaparte 64.

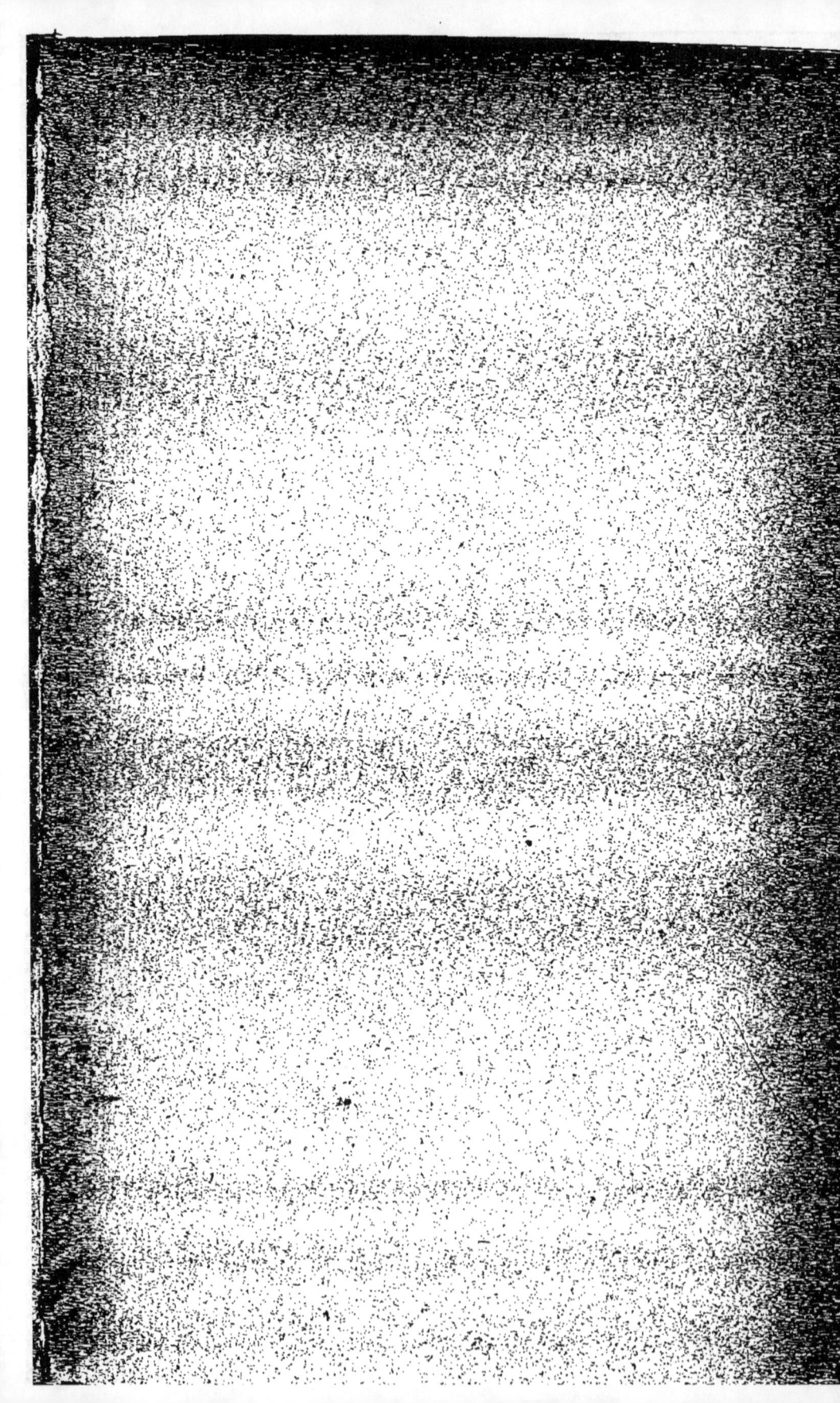

www.ingramcontent.com/pod-product-compliance
Lightning Source LLC
Chambersburg PA
CBHW060908050426
42453CB00010B/1603